AF401618

V.-E. VEUCLIN

LES
Fêtes civiques du 14 Juillet
DANS LA
Ville de Bernay
PENDANT LA RÉVOLUTION

BERNAY

IMPRIMÉ PAR V.-E. VEUCLIN

EN L'AN 1887

(5)

V.-E. VEUCLIN

LES
Fêtes civiques du 14 Juillet
DANS LA
Ville de Bernay
PENDANT LA RÉVOLUTION

BERNAY

IMPRIMÉ PAR V.-E. VEUCLIN

EN L'AN 1887

LES

FÊTES CIVIQUES DU 14 JUILLET

ET LES

PHASES DE LA RÉVOLUTION

1789.

De même que les villes voisines, la patriotique cité bernayenne ne fait aucunes réjouissances publiques à l'occasion de la prise de la Bastille ; du moins, les archives locales sont muettes sur ce point.

1790.

Répondant à l'invitation de l'Etat, la ville de Bernay s'associe à la Fédération générale de Paris, d'abord en y envoyant 3 députés de sa garde nationale (1), ensuite en organisant une manifestation dont la relation est ainsi transcrite sur le registre de la municipalité :

---

(1) Députés des gardes nationales des cantons du district, élus pour se rendre à Paris, à la Fédération générale : Bernay. MM. Bouillerot de Marsenne, colonel ; Louis-François-Gabriel Béautier, capitaine ; François Erambert, lieutenant. — Beaumont. M. Duval, de Beaumontel, chev^r de St-Louis, commandant. — Brionne. M. Herques, major. — Thiberville, Montreuil et la Barre. MM. Legrand, major (Montreuil) et Boissy, major (la Barre). — La municipalité de Bernay fixe à 72 livres la dépense de chacun des députés pour le voyage et le retour.

Procès-verbal de la fête civique qui a eu lieu...., le 14 Juillet...

La ville de Bernay appelée par la voix du patriotisme à célébrer l'anniversaire de la restauration de la liberté des François, attendoit avec impatience cet heureux jour dans laquelle elle a pu consacrer par un serment solennel son dévouement à la Patrie, son amour pour le meilleur des rois, sa reconnoissance et son attachement pour l'Assemblée nationale dont le courage et les travaux ont opéré la régénération de l'Etat.

Elle auroit désiré donner à cette feste le plus grand appareil, elle ne l'a pu parce qu'elle est épuisée par plusieurs années de disette et de calamité ; animée du désir de manifester son amour par la Liberté, elle a fait tout ce qui étoit en son pouvoir dans les circonstances fâcheuses où elle se trouve.

Le 13 juillet, par le soin de ses officiers municipaux, la fête a été annoncée par une salve d'artillerie suivie de la sonnerie de toutes les cloches de la ville (1). Elle l'avait été dès dimanche dernier par une proclamation lue aux prones des messes paroissiales, publiée au son des tambours et affichée aux places publiques.

Aujourd'huy quatorze juillet, à neuf heures du matin, MM. formant le conseil

-----

(1) Bernay renfermait alors 8 grandes églises et 6 chapelles, soit une vingtaine de cloches.

général de la commune se sont assemblés dans la salle de l'hôtel de ville.

M. Lecordier Dorival, officier municipal premier élu, a fait les fonctions de président, M. Lindet, maire, étant absent.

A neuf heures et demie, le corps de la garde nationale commandé par M. de Fleury, colonel et ses officiers, s'est réuni sous ses drapeaux devant l'hôtel de ville.

A dix heures, l'ordre du départ a été donné.

Le conseil général de la commune a été reçu au milieu de la garde nationale qui qui s'est mise en marche, précédés de la musique et du train de l'artillerie (1).

Tous les citoyens et un grand nombre des habitants des campagnes voisines accompagnoient.

Le cortège s'est rendu sur la place du Cours, vers un autel dédié à la Patrie et destiné à la cérémonie du jour.

Cet autel étoit élevé sur une éminence de gâzon (2), étoit de forme quarrée et surmonté d'une couronne décorée des couleurs de la Nation, ayant pour support quatre colonnes torses et courbées ornées des mêmes couleurs.

---

(1) Cette artillerie, formée de 8 canons, provenait du château de Broglie d'où elle avait été enlevée le 28 juillet 1789.

(2) Les travaux de terrassement pour cet autel coûtèrent 100 livres 16 sois.

MM. de la garde nationale et tous les citoyens parvenus sur la place, ont formé un quarré à quelque distance de l'autel. MM. composant le conseil général de la commune se sont placés dans l'enceinte du quarré.

Le clergé des deux paroisses et les aumoniers de la garde nationale attendoient revêtus de leurs surplis, autour de l'autel le moment indiqué pour commencer le service divin auquel ils avoient été invités.

La cérémonie a commencé par le *Veni Creator*, qui a été chanté au son du tambour et au bruit de la musique militaire.

Aussi-tôt on a célébré quatre messes. Elles l'ont été au même instant. L'autel avoit été disposé à cet effet sur quatre faces.

Il a éte ensuite chanté le *Domine salvum fac Regem* et les autres prières pour le Roy au bruit du tambour et de la musique.

A midy précis un roulement de tambour a annoncé l'instant de la prestation du serment civique.

M. Lecordier Daurival en a prononcé la formule, il a prêté et reçu le serment et MM. composant le conseil général de la commune, ensuite celui de MM. du clergé qui environnoient l'autel revêtus de leurs habits sacerdotaux. La formule du serment à été de nouveau par lui prononcée à toute l'assemblée et répétée par M. Duroy, major de la garde nationale, toutes

les voix réunies de MM. les officiers et
gardes nationaux, de tous les autres citoyens et d'une foule immense de spectateurs accourus des campagnes pour être
témoins de la feste, ont répondu avec toute l'énergie du sentiment : « Nous le ju-
rons ! » Des cris de joie se sont élevés de
toutes parts, on n'entendoit plus que les
acclamations : « Vive la Nation ! vive la
Loy ! vive le Roy ! », les cris d'allégresse
ont été accompagnés d'une salve de neuf
coups de canon, du bruit des instruments
militaires et du son des cloches de toute
la ville.

L'on a chanté le *Te Deum*, en actions
de grâces, qui a été suivi de nouveaux
cris de . « Vive la Nation ! vive la Loi !
vive le Roi ! » : ils se sont prolongés aussy longtemps qu'une pluie abondante a
permis de rester sur la place.

Les différents corps et tous les citoyens
se sont retirés à une heure après midy.

Le corps municipal a été reconduit à
l'hôtel de ville.

Le même jour après midy, le corps municipal, en conséquence de sa délibéra-
tion du onze de ce mois, a fait distribuer
de concert avec MM. les curés de la ville
à plus de quatorze cents pauvres des deux
paroisses (1), la quantité de pain suffisan-

---

(1) La population totale de Bernay était de
6,051 habitants. La paroisse de Ste-Croix renfermait plus de 800 pauvres ; celle de la Cou-

te pour la subsistance de deux jours (1).
Ce secours étoit le produit de la quête faite par MM. les officiers de la garde nationale et plusieurs membres du corps municipal dans les maisons des citoyens les plus aisés de la ville et des hameaux dépendants (2).

Ensuite on a fait les dispositions nécessaires pour terminer cette journée par une illumination générale dont le signal sera donné par une salve de canon.

Il a été arresté qu'autant du procès verbal sera adressé au Roi, comme un gage de l'amour, du respect et d'un entier dévouement des citoyens de Bernay pour sa personne sacrée. Arresté pareillement qu'il en sera adressé un double à MM. les citoyens assemblés de tous les districts de Paris comme une preuve d'adhésion aux sentiments patriotiques qui les distinguent.

Fait et arresté à l'hôtel-de-ville....., le quatorze juillet mil sept cent quatre vingt dix.

Arresté que le présent procès verbal sera imprimé au nombre de cent exemplaires.

---

ture en avait 600. C'était donc près du quart de la population qu'il fallait constamment secourir.

(1) Les 2 curés distribuèrent 2 livres de pain à chacun de leurs pauvres, soit 1440 pains qui coûtèrent 404 livres

(2) Cette quête avait produit 437 livres 17 sols 6 deniers et un boisseau de blé.

Le même jour, le Club patriotique, fondé l'année précédente, se réorganise et adopte des statuts dans lesquels il est dit que, tous les ans, au 14 Juillet, il sera fait une fête civique.

1791.

Relation de la Municipalité :

Le jeudy quatorze juillet..., jour anniversaire de la fédération générale des François, le corps municipal s'est assemblé à l'hôtel-de-ville avec les notables composant le conseil général de la commune, sur les dix heures du matin, toutes les compagnies de la garde nationale sous les armes et un grand nombre de cytoyens et cytoyennes avertis de l'heure où commencera la cérémonie de la fédération le dimanche précédent, aux prosnes des messes paroisssialles et la veille au soir par une décharge d'artillerie et le son de tontes les cloches de la ville, se sont rendus sur la place de l'hôtel de ville où étoit déjà rassemblé un grand concours d'habitans de la campagne, le clergé de la p⁰ de Sᵗᵉ Croix y est aussi venu processionnellement.

Le corps municipal ayant fait avertir MM. du Directoire du district et MM. les juges du tribunal du district de l'instant du départ, MM. du Directoire ont fait dire que les affaires d'administration dont ils socupoient ne leur permettoient pas de se joindre au corps municipal, mais qu'ils se rendroient à l'autel de la patrie en tems convenable.

MM. les juges du tribunal sont arrivés aussy tôts à l'hôtel de ville et sur les unze heures ie signal dn départ ayant été donné la marche s'est ouverte par un train d'artillerie, le clergé de Ste Croix marchait processionnellement, les tambours et une compagnie de musiciens, un détachement de la garde nationale sous leurs drapeaux suivis des cytoyens de la ville et des habitants des campagnes voisines en grand nombre se sont rendus au bruit des tambours et d'une musique militaire à l'autel de la patrie élevé dès la nuit dernière sur une hauteur qui reçut le nom de la place de la fédération, le clergé de la Couture rangé sur les gradins de l'autel, a reçu le cortège, qui s'est formé en quarré à vingt cinq toises de l'autel. Le conseil général de la commune avec MM. les juges du tribunal du district se sont placés dans l'enceinte sur des sièges qui leur étoient préparés, ceux destinés a MM. les administrateurs du directoire ont été réservés, il a été tiré une décharge de l'artillerie, le clergé des deux paroisses a chanté la messe qui a été célébrée par M. Le Bourg, curé de Ste Croix pendant laquelle la musique a exécuté plusieurs simphonies. MM. les administrateurs du directoire du district sont arrivés pendant la messe et ont pris place sur les sièges qui leur avoient été réservés. Madame Dorival et Madame Mesnel ont fait la queste pour les prisonniers.

La messe finie, MM. les administrateurs du directoire du district se sont avancés vers l'autel et ont prononcé le serment suivant la formulle aresté au département de l'Eure le 9 de ce mois pour les corps administratifs, les officiers municipaux et membres du conseil général ont presté mesme serment, les juges du tribunal, le clergé ensuite, MM. de Fleury et de Marsenne ont presté individuellement le serment suivant la formulle proscritte pour les gardes nationnalles et corps militaires. MM. les officiers et gardes nationnalles l'ont presté par division, les cytoyens et cytoyennes de la ville et les habitans des campagnes se sont portés en foule vers l'autel, le maire a lû la formule du serment aresté par le département pour les cytoyens non armés, tous ont repondû en levant la main : « Je le jure ! » Aussy tôts se sont élevés de toutes parts des aclamations réitérés de vive le Roy, vive la Nation. L'on a chanté le Te Deum, les actions de grâces, il étoit alors une heure après midy. MM. les administrateurs du directoire du district se sont retirés séparément, le clergé, le corps municipal, les juges du tribunal, la garde nationalle, et les cytoyens se sont retirés dans le meme ordre qu'ils étoient arrivés pour revenir à l'hôtel de ville. Pendant la marche les cris et les chants d'allegresse se sont joints aux bruits des tambours et de la musique.

Le reste de la journée s'est passé en festins, en danse, en promenades, dans lesquels les cytoyens n'ont cessé de se donner les marques les plus éclatantes de l'égalité, de l'union et de la confraternité, tous les travaux ont été volontairement suspendus par toute la ville et les cytoyens se sont livrés à la joye la plus vive en exprimaut par des cris d'allegresse les sentimens de reconnoissance et d'attachement dont ils sont pénétrés pour l'Assemblé nationalle.

Dans le matin du mesme jour, les Amis de la Constitution de la ville de Bernay a fait distribuer aux pauvres de la ville plus de trois mille livres de pain, par des commissaires qu'elle avoit chargés de ce soin.

L'après midy, Madame Dorival et Madame Mesnel ont annoncé que leur queste se montoit réuniës à la somme de cent sept livres dix sept sols et ont émis leur vœu pour disposer de cette somme par l'achat de deux douzaines de chemises dont le concierge des prisons se chargeroit et dont il il seroit comptable à la première requisition, pour par luy donner le change de linge aux prisonniers qui se trouveroient par le deffaut d'en avoir à eux privés de ce secours, et le surplus, distraction faitte de la petite dépense qui a été faitte pour leur faire célébrer la feste, employé à l'achat de couvertures de boures pour l'usage des prisonniers qui ne pouroiont s'en procurer d'ailleurs. L'assemblée a aplaudy à cette marque d'humanité et a voté des remerciements à Mesdames Dorival et Mesnel de leurs soins patriotiques, en les invitant de disposer de leur queste selon leur vœu.

Fait et aresté à la maison commune.....

Relation de la Société populaire :

Le 14 Juillet 1791. — Il n'y eut point de séance ce jour qui fut consacré par tous les bons patriotes et surtout par la Société des Amis de la Constitution à solenniser l'anniversaire de la Liberté reconquise. On crut ne pouvoir pas mieux le commencer qu'en faisant faire une distribution de 3,400 livres d'excellent pain aux pauvres des 2 paroisses, dont la Société fait les frais.

A dix heures du matin l'autel de la patrie fut environné par une foule de vrais citoyens qui avoient suivi le clergé, les corps administratifs et les gardes nationales, leurs chefs à leur tête, tambours batants, drapeaux déployés et précédés d'une musique guerrière.

La grande messe fut célébrée avec pompe et ensuitte on a prêté le serment selon la formule nouvellement decrété, avec un zèle qui partoit du cœur. Les Amis de la Constitution excitez par cet esprit de liberté et d'égalité qui fait les délices des âmes sensibles et philosophes, se rendi-

rent après la cérémonie à un festin or-
donné par l'économie (1), réglé par la décence, mais surtout animé par une joye
pure et piquante. On y but à touttes les
santés prétieuses auxquelles on prend le
plus vif intérêt, et au sortir de table on
se trouva encore entraîné vers l'autel de
la patrie avec cet entousiasme qui carac-
térise le vray civisme, où étant précédé
par des musiciens amateurs et tout le
peuple vint partager cette feste nationale
qui fut favorisée par le plus beau ciel.
On crut alors voir renaître ces premiers
jours du monde où les hommes se por-
toient sur les lieux élevés pour payer un
tribut de reconnoissance à l'Être suprême
par des himmes sacrées, par des chants
d'allegresse et par des danses agréables.
Le plaisir donna de nouvelles forces au
sexe charmant mais délicat qui anime
tout par sa présence, fit oublier à la
vieillesse le poids de l'âge. La plus grande honnesteté régna parmi cette nom-
breuse assemblée, et chacun s'en retour-
na dans le sein de sa famille en bénissant
le Ciel des avantages dont l'heureuse
Constitution, sous laquelle nous vivons,
nous fait déjà jouir.

---

(1) La dépense de ce repas avait été fixée à 40
sols par tête, bonne chère et vin.

1792.

Le 14 Juillet a lieu la cérémonie de la Fédération générale. Un arrêté du directoire du district avait réglé les formes de cette fête, à laquelle le corps municipal avait invité la Société populaire ainsi que des députations des gardes nationales environnantes.

À l'occasion de la Fédération, la municipalité fait faire, à Evreux, une bannière aux trois couleurs nationales.

Il n'existe aucune relation de cette fête à Bernay. — La Patrie est en danger.

1793.

La Convention nationale ayant substitué la fête civique du 10 Août à celle du 14 Juillet, aucune manifestation n'a lieu le dit jour. Cependant la Société populaire tient séance.

1794.

Relation de la Municipalité :

Plan de la fête à l'occasion de la prise de la Bastille, époque heureuse de la Liberté françoise, présenté au conseil général de la commune de Bernay, au nom de la Société populaire par son comité ordonnateur des fêtes.

Le peuple sera invité à se rassembler sur la place de l'arbre de la liberté, à quatre heures précises d'après midy (le 14 juillet v. s.), 26 messidor de l'an 2e de la République une et indivisible.

Uu bruit d'artillerie se fera entendre. A ce signal effraïant, un orateur prendra la parole, peindra la Liberté aux prises avec le despotisme, et ses frères d'armes combattant pour briser leurs fers. L'artillerie se fera entendre de plus en plus, l'orateur saisira cet instant pour imprimer dans les âmes un sentiment profond de l'amour de la liberté.

Alors le feu venant à cesser, un aide de camp arrivera à toute bride et annoncera la prise de la Bastille.

Un second orateur prendra la parole et l'heureuse nouvelle que l'on vient d'apprendre fera l'objet de son discours.

Bientôt on entendra une marche guerrière et le bru des tambours, on verra flotter le drapeau aux trois couleurs et la garde nationale avancera et servira d'escorte à un char rempli de malheureuses victimes qui gémissoient depuis longtems dans le palais de la vengeance et de la fureur des tirans (1) ; ils seront costumés d'une façon convenable, ils paroîtront

---

(1) Une des victimes rendues à la liberté par la prise de la Bastille était un de nos concitoyens, Le Prévôt (de Beaumont), lequel avait été détenu pendant 22 ans et 2 mois, pour avoir dénoncé l'odieux *Pacte de Famine*. — Le Prévôt figurait peut-être dans cette cérémonie de 1794, car il habitait alors Bernay.

avec des visages pâles et défaits et on apercevra dans leur phisionomie tous les caractères de l'innocence opprimée.

Arrivéz à la place publique, les commandans s'avanceront et parleront avec entousiasme des dangers et des succès de leur expédition, ils aprendront que la funeste prison où les despotes tenoient leurs malheureux sujets dans les chaisnes venoit de tomber sous leurs coups. Ils feront défiler la garde nationale autour de l'arbre de la liberté, au son des fanfares et des instruments militaires; et sitôt qu'elle aura pris sa position, un 3e orateur félicitera les héros de la liberté sur leur vigoureuse entreprise.

Le maire à l'instant fera distribuer des couronnes civiques et par quelques phrases patétiques engagera le peuple à prêter le serment de ne jamais se laisser recourber sous le joug de l'esclavage.

Cette belle scène finie, des strophes analogues seront chantées et on se portera vers l'autel de la patrie, au son des instruments et de la musique.

La garde nationale arrivée sur cette place se formera en bataillon quarré, le char viendra se placer anx pieds de l'autel, les prisonniers délivrés y monteront, et un d'eux pénétré de la plus vive reconnoissance adressera des remerciements aux braves libérateurs, et tous par leurs gestes et leurs attitudes exprimeront leur joie.

Dans ce moment les volontaires poseront leurs armes à des faisceaux placés exprès et se livreront avec tous les spectateurs au plaisir de la danse.

Des tentes seront dressées sous lesquelles on trouvera des rafraichissements.

A neuf heures du soir le commandant donnera le signal du retour et chacun reviendra dans ses foyers rempli des idées sublimes que fait naître dans les âmes généreuses le sentiment de la liberté.

L'Anniversaire du 14 Juillet.

Air : *C'est la petite Thérèse.*

Livrons-nous à l'allégresse,
Chantons le petit couplet :
Tous les cœurs sont dans l'ivresse
Au quatorze juillet.
Cet heureux anniversaire
Doit partout être fêté :
Célébrons le jour prospère
Où naquit la liberté !

L'an quatre vingt neuf en France
Le quatorze de juillet,
On vit une belle danse,
Le succès fut complet :
Ce fut la grande famille
Qui donna l'heureux signal,
Et madame la Bastille
Eut l'honneur d'ouvrir le bal.

Noblesse clergé, finance,
Et tous les défunts seigneurs,
Qui n'aimaient pas la cadence,
Sont allés danser ailleurs.
Cette démarche étourdie,
Ne leur réussira pas :
Jamais l'aristocratie
Ne fera que des faux pas.

Comme avec nos volontaires
La danse est d'un bel effet :
Il faut voir sur les frontières
Beaulieu, Cobourg et Clairfayt,
Ils marchaient pleins d'arrogance,
Au pas de la royauté :
Mais on les a mis en danse
Au pas de la Liberté.

Les thyrans auront beau faire,
Pour arrêter nos succès :
Dans sa brillante carrierre,
Rien n'arrête le français :
Bientôt sceptres et couronnes
Vont se briser à sa voix :
Et sur les débris des trônes,
Il fera danser les rois.

Par Léger et Barré. (1)

1795.

1796.

Il n'y a pas de fête du 14 Juillet dans ces deux années. — Le même fait a lieu dans les villes voisines.

1797.

Ce jourd'huy 25 messidor an 5ᵉ de la République.

L'administration de la commune de Bernay désirant que la commémoration de la fête du 14 juillet se fist en cette

---

(1) Ces deux rimeurs étaient comédiens à Paris. Léger, originaire de Bernay, avait envoyé ces couplets, le 19 juillet 1794, à la Société populaire de sa ville natale.

commune avec la solemnité que les circonstances, l'intérêt de la commune, ceux de ses administrés et les travaux de de la saison actuelle le permettent, a fait annoncer à ses administrés, le jour d'hier par le son des tambours, la célébration de cette fête.

Ce jourd'huy, à midy, les tambours ont battu de nouveau, l'administration du canton et les autres corps constitues établis en cette commune, invités et prévenus à cet effet par l'administration, se sont réunis au lieu des séances ; les amateurs de musique formant un grouppe près du lieu de l'assemblée ont exécuté plusieurs airs patriotiques. Le président a ensuite prononcé un discours analogue à la feste qui doit être considérée comme l'époque de notre liberté. Ce discours entendu avec le plus vif intérêt a été aplaudi de tous les assistants et de tous les citoyens qui se sont réunis et présentés à cette cérémonie. La musique a de nouveau exécuté plusieurs airs patriotiques, ainsi que l'himne à la Liberté. L'harmonie des instruments a fait dans le cœur des assistants la plus grande sensation, et à une heure et demie la séance a été levée.

1798.

Procès-verbal de la fête du 14 Juillet.

L'administration municipale de la commune de Bérnay n'a pas vu s'approcher

le 14 Juillet sans être vivement animée
de tous les sentimens de reconnoissance
dont tous les bons citoyens doivent être
pénétrés pour les généreux patriotes qui
en affrontant les plus grands dangers
abbatirent ce monument affreux de la tirannie, cette forteresse où l'innocence
gémissoit dans les cachots, où la vertu
étoit chargée de fers. Elle a donc épuisé
tous les moyens qui étoient en son pouvoir pour célébrer avec dignité une fête
qui nous rappelle l'époque de notre liberté.

Cette fête a été annoncée la veille par
une salve d'artillerie, par le son des cloches nationales et par les tambours de la
garde sédentaire.

Le lendemain, au lever de l'aurore, le
même bruit a retenti dans les airs et a
excité le reveil des citoyens qui se li-
vroient à un tranquile repos dont les
agents du despotisme ne peuvent plus
troubler la douceur.

A onze heures, la garde nationale, les
dragons en station dans cette commune
et la gendarmerie se sont rassemblés sous
les armes sur la place du peuple. Aussi-
tôt les administrateurs municipaux accompagnés des administrateurs du canton rural, des membres composant les
tribunaux et de tous les fonctionnaires
publics sont descendus et ont pris la
place qui leur étoit assignée.

Le cortège a commencé sa marche, pre-

cédé par les tambours et les amateurs de
musique qui se font un plaisir d'embellir
les fêtes nationales par l'exercice de leurs
talens ; Est arrivé sur la place du Cours
et s'est rangé avec ordre autour de l'autel de la patrie.

Là, le citoyen Delaval, artiste rempli
d'industrie et de goût, avoit représenté
la Bastille renversée par les héros du quatorze juillet, les décombres de ces tours
orgueilleuses qui fendaient les airs, les
grilles, les barreaux, les veroux, les bou-
ches à feu qui avoient donné si longtemps
le signal de la terreur et vomi la mort,
étoient culoutés, brisées et couchés sur
la poussière. Sur cet amas informe de débris s'élevoit un superbe obelisque de mar-
bre jaspé portant des inscriptions analogues à la fête et surmonté des simboles
de l'abondance et de la félicité.

Les amateurs de musique ont exécuté
plusieurs morceaux préparés pour ce
grand jour. Ensuite un administrateur à
monté sur les monceaux de pierre qui ser-
voient de baze à l'obelisque et a prononcé
un discours dans lequel il a peint avec
force les maux auxquels la France étoit
livrée depuis tant de siècles, l'énergie
des français qui ont désarmé le despotisme et les victoires qui ont été le prix de
leur audace.

Les instruments se sont fait entendre
de nouveau et ont joué des airs chéris
des français parce qu'ils reveillent dans

leurs âmes sensibles des souvenirs de ces époques brillantes où ils se sont couverts de gloire.

Ensuite un amateur a chanté des strophes accompagnées de la musique ; pendant ce tems par intervalle l'artillerie faisoit ses décharges dont le bruit se prolongeoit au loin dans les valées qui entourent le tertre consacré à la célébration des fêtes nationales dans la belle saison.

Le cortège a repris sa marche, et revenu par la place de l'arbre de la liberté, en a fait le tour et s'est rendu sur celle du peuple où le président de l'administration a adressé des remerciements au commandant de la garde nationale sur le bon ordre et la tenue de sa troupe.

Le soir, dans un vaste appartement de l'édifice national artistement décoré, des instruments se sont rendus, et des danses ont terminé une fête qui doit être solennisée avec tous les transports d'une joie pure et républicaine.

1799.

Procès-verbal de la fête du 14 Juillet (ou de la Fédération) célébrée dans l'édifice national de la commune de Bernay.

L'administration municipale... n'a pas vu approcher le 14 Juillet sans ressentir dans son âme le brûlant entousiasme qui signala cette journée à j mais mémorable, pendant laquelle l'énergie des français culbuta cette horrible prison où les passions des rois et de leurs ministres entassoient leurs victimes ; où la haine plongeoit l'innocence, l'envie les talents, la vengeance le courage. Elle se rappellera sans cesse que c'est de la place de ce monument redoutable que l'on a fondé la base républicaine et indestructible sur laquelle s'élève le faisceau de la Liberté qui bravera les tempêtes déchaînées contre lui.

L'administration désespérée d'être bornée par ses moyens pécuniaires, a pensé qu'il faloit redoubler de zèle et trouver des ressources plus efficaces que celles qui ne parlent qu'aux sens en touchant l'esprit et le cœur par des tableaux dont la force morale peut y réchauffer l'amour de la patrie et y ranimer ce noble orgeüil qui convient à une nation libre, surtout dans un moment où l'ambition et le fanatisme se plaisent à grossir quelques revers pour jetter le découragement dans l'âme des français en cachant soigneusement sous leur marche hypocrite les fers dont ils brûlent de les charger.

L'administration avoit fait inviter les autorités constituées, les fonctionnaires publics, les tribunaux correctionnels, de paix et de commerce, les troupes en station et les gendarmes.

Le cortège se rassembla à onze heures et demie et partit à midy précédé par les tambours et la musique, entouré de toute la garde nationale qui étoit sous les armes

pour se porter vers la place de l'arbre de
la liberté autour duquel il se rangea :
L'himne des Marseillais y fut chantée et
les refrains répétés par le peuple avec
l'ardeur du véritable civisme. Ensuite on
se rendit au temple décadaire qui avoit
été décoré de fraiches guirlandes : les citoyens composoient le cortège tenant tous
une branche de chesnes, prirent leur place dans l'enceinte qui leur étoit destinée
et la garde nationale fit haie tout autour.
La musique se fit entendre et annonça le
sujet de la feste par une pièce de grande
harmonie.

Une himne analogue à la circonstance
fut chantée par des élèves du conseil du
directoire exécutif et mérita par ses ex-
pressions et son exécution les applaudis-
semens de l'assemblée.

La musique fit de nouveau retentir les
voûtes du temple, et de suite le citoyen
De la Croix, commissaire du directoire
exécutif près le canton rural, d'après l'invitation qui lui en avoit été faite par le
président de l'administration de la commune, monta à la tribune et prononça
un discours dans lequel après avoir peint
cet instant d'effervescence où la nation
porta le plus grand coup à la tirannie,
il démontra combien il étoit intéressant
pour les françois de conserver cette fière
attitude que leur courage leur avoit fait
prendre, et combien il seroit avilissant
pour lui de perdre le fruit de tous ses sa-

crifices, de ses victoires, s'il avoit la bassesse de descendre du feste de la grandeur où il avoit osé s'élever.

Le temple retentit d'acclamations, et un nouveau morceau de musique fut exécuté aussitôt fut le prélude d'une seconde himne qui fut chantée avec goût et entendu avec intérêt.

Un peuple nombreux assista à cette fête, parut en sentir toute l'importance et s'y comporta avec la décence dont les administrateurs et les fonctionnaires lui donnèrent l'exemple. Elle fut terminée par la strophe : *Amour sacré de la patrie*, et le cortège fut reconduit à l'administration au milieu des cris de : Vive la République.

1800.

Il n'y a aucunes traces de la fête du 14 Juillet, à Bernay. Du reste, dès le mois de mars (ventôse an VIII), « les fêtes décadaires sont délaissées par presque tous les citoyens; les fonctionnaires publics qui les doivent fréquenter, en exécution de la loy, ne s'y présentent plus. »

Dans les campagnes, la fête nationale du 14 Juillet était promptement tombée. A Beaumesnil, par exemple, elle disparaît avec 1798.